호주의 낫달

문장시인선 032 | 고재동 시조집

호주의 낮달

인쇄 | 2025년 4월 10일
발행 | 2025년 4월 15일

글쓴이 | 고재동
펴낸이 | 장호병
펴낸곳 | 북랜드
　　　　04556 서울 중구 퇴계로41가길 11-6, JHS빌딩 501호
　　　　41965 대구 중구 명륜로12길 64(남산동)
　　　　대표전화 (02)732-4574, (053)252-9114
　　　　팩시밀리 (02)734-4574, (053)252-9334
　　　　등록일 | 1999년 11월 11일
　　　　등록번호 | 제13-615호
　　　　홈페이지 | www.bookland.co.kr
　　　　이-메일 | bookland@hanmail.net

책임편집 | 김인옥
기　　획 | 전은경
교　　열 | 서정랑

ⓒ 고재동, 2025, Printed in Korea
저자와의 협의하에 인지를 생략합니다.

ISBN 979-11-7155-120-0 03810
ISBN 979-11-7155-121-7 05810 (e-book)

값 10,000원

문장시인선 32
호주의 낮달

고재동 시조집

북랜드

| 시인의 말 |

호주의 낮달, 동산 위 애장품

    1년여 전 후쿠오카 기행 시조집을 낸 이래 시드니 기행 시조집을 연이어 내놓는다. 게으른 탓에 긴 글을 쓸 수 없어 즉흥 단수 시조랍시고 적었던 것을 다녀온 날 출판사에 넘겼다. 붙들고 있어 봤자 더 나은 퇴고가 없을 건 뻔한 일.
    하루에 20여 편, 일행을 뒤쫓으며 깨알같이 적은 나의 편린들. 시드니 완전 정복이랄 수는 없지만 여행을 계획하거나 공부하고 싶은 이들에게 조금이나마 도움이 됐으면 하는 바람이다.
    수돗물을 마시다가 설사에, 감기를 달고 오는 등 가져온 것도 많지만 아내와 그곳에 두고 온 것도 만만찮다. 내 생애 그곳에 한 번 더 간다면 모래언덕에 흘리고 온 아내의 보석 팔찌를 꼭 찾아봐야겠다. 그렇지 못한다 해도 이 책 한 권으로 후회는 없다.

시드니 서쪽 하늘에
낮달이 방긋 웃는다
동쪽 하늘 태양과
시위라도 하는 듯
태양이
서녘 하늘의
낮달을 삼킬 수 있을까

호주 하늘 저 달을
사뿐히 모셔다가
선돌길 동산 위에
붙박이로 걸어 두면
호주의
낮달일까요
우리 아가 애장품일까
 -「호주의 낮달」

을사년 봄, 아지랑이 피는 언덕에서
愚草 적다

차례

• |시인의 말| 호주의 낮달, 동산 위 애장품

1 〈엿새〉 호주의 낮달

호주의 낮달 … 14
최고 기온 21도 … 15
하버브리지를 추억한다 … 16
천문대 언덕에서 … 17
지금 호주는 … 18
혜령 공주 … 19
묵묵부답 … 20
시드니 항구에서 … 21
달 가는 줄 … 22
유람선 뷔페 … 23
녹색 도시 … 24
갑판에는 … 25
세계 3대 미항 … 26
식물원에 가다 … 27
소녀 … 28
시립 미술관에서 … 29
맑은 공기 팔다 … 30
록스 거리를 가다 … 31
마지막 여정 … 32

2 〈닷새, 이레〉 캥거루 공주

우울한 별이 … 34
아가 양 … 35
무너지는 남자 … 36
물새 한 마리 … 37
미아가 될 뻔한 휴대폰 … 38
오페라하우스는 흰색? … 39
호주의 국회의사당 … 40
생선구이와 스테이크 … 41
보석 팔찌 국제 미아 되다 … 42
맥콰리스 공원에서 … 43
여름에 갇힌 가을 … 44
지금 우주에서는 … 45
서울은 눈 … 46
캥거루 공주 … 47
토끼야, 안녕 … 48
캐리어만 남았네 … 49
패 … 50
시드니 공항 … 51
봄 속의 겨울 … 52
고추장과 참기름 … 53
안달 난 택시 … 54
7일간의 여정 … 55
인천공항을 착륙하며 … 56

3 〈나흘〉 블루마운틴

캥거루 항공사 … 58
부국 되다 … 59
먹이사슬 없는 … 60
코알라 … 61
낙타 가족 … 62
무관심 동거 … 63
호주 역사 영국 역사 … 64
샐러드가 문제 … 65
블루마운틴 … 66
블루마운틴을 오르며 … 67
케이블카를 타다 … 68
유칼립투스와 고사리 나무 … 69
수직 엘리베이터 … 70
부자 나라 … 71
세자매봉 전설 … 72
아줌마 춤 … 73
하버브리지를 걷다 … 74
미친 가을 … 75
설사와 콧물감기 … 76

4 〈사흘〉 모래언덕

대식가 … 78
포도의 나라 … 79
도심 속 공동묘지 … 80
평화로운 초지 … 81
뭉게구름도 쉬어가는 마을 … 82
모래언덕 … 83
발자국 찍다 … 84
국립공원 … 85
유람선에 오르며 … 86
한글과 영어 … 87
유람선을 타고 … 88
돌고래 동영상 찍느라 … 89
애교쟁이 돌고래 … 90
주인이 왕인 나라 … 91
휴양 문화 … 92
나무 전봇대 … 93
소목장 … 94
지상의 낙원 … 95
여수 앞바다에서 시 한 편 못 썼네 … 96
차 스캔하는 고속도로 … 97
해저터널 … 98
1위와 27위 … 99
김치찌개 먹다 … 100

5 〈이틀〉 골프의 천국

솜사탕 같은 … 102
톨게이트 없는 고속도로 … 103
고속도로 휴게소 … 104
김빠진 맥주 … 105
주택 가격 3천억 … 106
이상 기온 … 107
황금의 나라 … 108
유칼립투스 … 109
골프의 천국 … 110
도둑도 부자 … 111
사람이 모래알보다 … 112
노변 샤워장 … 113
워크웨이 … 114
호주 사과 달다 … 115
가을은 … 116
한산한 마트 … 117
졸고 있는 에어컨 … 118
4.5성급 호텔 … 119
인터넷이 먹통인 호텔 … 120

6 〈하루〉 밝아오는 시드니

여행 전야 … 122
소백산 잔설 … 123
치악 휴게소에서 … 124
집 나간 휴대폰 … 125
인천대교를 지나며 … 126
비밀번호에 갇힌 해우소 … 127
오늘은 비요일 … 128
인천공항에서 … 129
눈곱 떼고 분 바르고 … 130
숙아! … 131
비행기 안에서 … 132
보통 사람 특별한 사람 … 133
하늘 아메리카노 … 134
어디쯤 날고 있을까 … 135
잠 못 드는 커피 … 136
별이 총총 … 137
죽 같은 세상 … 138
대동여지도와 콜럼버스 … 139
바람 소리뿐 … 140
밝아오는 시드니 … 141

1 엿새
호주의 낮달

호주의 낮달

시드니 서쪽 하늘에
낮달이 방긋 웃는다
동쪽 하늘 태양과
시위라도 하는 듯
태양이
서녘 하늘의
낮달을 삼킬 수 있을까

최고 기온 21도

어제까지 36,7도를
육박하던 날씨가
오늘 아침 구름 몇 점
띄우고 세찬 바람 분다
진정한
가을 날씨를
선보이려나 보다

하버브리지를 추억한다

천문대 언덕에서
그저께 거닐었던
하버브리지 1.3km의
로드를 추억한다
생전에
언제 다시 올까
카메라에 담는다

천문대 언덕에서

천문대 꼭대기에
오르면 보이려나
오페라하우스 밤새
안부가 궁금하다
가슴속
그 웅장함을
두고두고 새긴다

지금 호주는

전형적인 가을 날씨
19도에서 21도 기온
안동은 최저 영하 1도
현재 기온 1도란다
어제는
이상 기온으로
우리나라 여름을

혜령 공주

선착장 주변에서
자유시간 한 시간
안동의 우리 일행
벤치에 앉아 있다
다섯 살
혜령이 공주가
쓰레기를 나무란다

묵묵부답

물새인지 비둘기인지
내 곁으로 날아와
영어로 뭐라 뭐라
조잘대고 있지만
네 뜻을
받아 적을 수 없어
묵묵부답하노라

시드니 항구에서

구름 한 점 없는 하늘
그 아래 시드니 항구
50km 깊은 물속에
물고기 몇 마리쯤
포르르
참새 한 마리
창공 그으며 곡예한다

달 가는 줄

일행은 어디 갔나
나 홀로 벤치에서
별이를 생각하고
낮달을 그려 본다
시 한 줄
쓰지 못하고
달 가는 줄 모르네

유람선 뷔페

호주 여행 엿새째
유람선 점심 뷔페
럭셔리한 파고 위를
유유자적 넘어간다
하늘아
남태평양 저편에
굶는 물새 있던가

녹색 도시

녹색 도시 시드니
바다에서 바라보니
하늘 아래 첫 동네
신선들이 사는 마을
달달한
선상 케이크가
식탁 위에 놓인다

갑판에는

바깥으로 나가면
시상이 떠오를 듯
김 교장 말을 듣고
갑판으로 나갔다
오! 정말
하버브리지 교량과
오페라하우스가
눈 안에 들어온다

세계 3대 미항

청정 바다 푸른 하늘
3대 미항 틀리지 않다
맑은 공기 세계 으뜸
아내가 반했단다
어쩌지
남편 버리고
여기서 산다고 하면

식물원에 가다

일정에 없던 식물원
규모에 한 번 놀라고
이름 모를 식물들
그 숫자에 또 놀라다
식물원
백오십 년 역사
큰 새 한 쌍 풀을 쫀다

소녀

혜령이와 엄마가
초지에서 뜀박질한다
덩달아 와이프가
아이 따라 달린다
나에게
나 잡아봐라
소녀가 된 와이프

시립 미술관에서

미술에 문외한인 나
그림의 떡이다
감상하기보다는
마구 사진만 찍었다
그래도
16세기 이전 작품에
와! 탄성이 나왔다

맑은 공기 팔다

한국은 중국 몽고발
미세 먼지 극성이래
공기를 팔지 않지만
양심도 팔지 않는다
토산품
면세 매장에서
맑은 공기 사고 말았다

록스 거리를 가다

카페와 레스토랑
지나쳐 걸었지만
238년 전 호주의
역사를 생각했다
현재와
과거가 공존하는
남의 역사지만 뜻깊은

마지막 여정

시드니 관광 여행
마지막 여정으로
록스 거리 걸어가다
때마침 일행을 반기듯
젊은이
열정과 패기
축제가 한창이다

2 닷새, 이레
캥거루 공주

우울한 별이

큰딸아이 안동 가서
별이를 보살폈대
엄마빠가 너 버린 것
아니라고 말했다는군
그 녀석
그 말 알아들은 듯
고개 주억거렸다

아가 양

양이 1억 5천만 마리
서식하고 있는데
명품 가방은 어린양
가죽으로 만든단다
아이고
샤넬 가방 속에서
울고 있는 아가 양

무너지는 남자

퀸 사이즈 카펫
한 장에 삼백만 원
간 큰 아내 성화에
카드로 결제했네
절대로
구매 않겠다던
무너지는 남자여

물새 한 마리

오페라하우스 앞바다에
정박한 대형 크루즈
바다 위에 파도 타는
조그만 한 물새 한 마리
바다여!
저 원대한 꿈을 품은
새 한 마리도 품으렴

미아가 될 뻔한 휴대폰

오페라하우스 화장실을
다녀온 와이프가
휴대폰이 없다며
얼굴이 파래졌다
휴대폰
국제 미아가 될 뻔한
아내의 분신이여

오페라하우스는 흰색?

오페라하우스 외벽은
베이지색 흰색의
특수 제작 타일이
반으로 공존한다
멀리서
바라다보면
흰색으로 보이네

호주의 국회의사당

오페라하우스 관광 후
점심 먹으러 가는 길에
국회의사당을 지나다
너무나 초라했다
여기는
경찰 군인 병력이
거의 없다고 귀띔한다

생선구이와 스테이크

절제한 위 때문에
식사 메뉴에 민감한
아내는 스테이크와
생선구이에 만족한다
아내는
생선구이가
입에 맞다고 스테이크는
내게 민다

보석 팔찌 국제 미아 되다

친정 엄마한테서
물려받은 유품 팔찌
모래언덕에 두고 왔다고
그제야 입을 뗀다
금팔찌
빼놓고 오면서
보석 팔찌는 왜 왜 왜

맥콰리스 공원에서

돌 의자를 지나쳐서
일행의 뒤쫓았다
되돌아왔지만 끝내
돌 의자는 외면했다
무화과
유칼립투스
벤자민이 피는 공원

여름에 갇힌 가을

공룡이 사라진 지
2억 년이 지났다
고생대 잉카문화의
유적을 둘러보다
박물관
무료 관람에
에어컨은 덤

지금 우주에서는

한국에서 두 건의
새 소식이 타전됐다
조카딸이 새벽
예쁜 공주를 낳았고
고향의
아흔 되신 어른이
지구를 떠났다는

서울은 눈

한국은 겨울이래
마무리 잘하시고
갈 적에 입었던
옷으로 갈아입으세요
딸아이
당부한 말이
실감 나기 시작하는

캥거루 공주

올 때는 토끼 인형
갈 땐 캥거루 친구
5년간 애지중지
간직했던 토끼여

공주님
마음을 움직인
캥거루 한 마리 아산 간다

토끼야, 안녕

늙어서 토끼 인형은
보내줘야 한대요
토산품 매장에서
혜령이가 직접 고른

캥거루
다정히 지내다가
고향으로 보내줘

캐리어만 남았네

위가 작은 와이프는
아침 먹은 빵 조각이
뱃속에서 요동쳐서
화장실로 달려갔네
일행은
저 멀리 가고
캐리어만 남았다

패

시드니 공항에서
캥거루 다섯 마리
기어이 모셔간다
요강 들고 벌서는
내 신세
처량하다고
위로하는 이 없을 테니까

시드니 공항

대한항공 타기 위해
대기하는 의자엔
열에 아홉 한국 사람
여기가 한국인가

여기는
적도 너머의
호주 땅이 분명한데

봄 속의 겨울

서울에는 눈이 펑펑
현재 기온 0도래
시드니는 20도
8,350km 가깝고도 먼

오늘 밤
봄 속의 겨울
반갑구나 코리아

고추장과 참기름

10시에 먹는 점심
비빔밥엔 고추장

아뿔싸 고소한
참기름을 빠뜨렸네

그래도
뚝딱 한 그릇
게 눈 감추듯 비웠네

안달 난 택시

안동은 안녕한가
내가 비운 일주일
선돌길은 별이가
잘 지키고 있겠지

내 택시
손님 못 태워서
안달 나지 않았을까

7일간의 여정

5박 7일간 120여 편
폭풍처럼 쏟았으니
올곧은 놈 있겠냐만
한두 녀석 효자라도

일생에
낳고 간다면
더할 나위 없겠다

인천공항을 착륙하며

155시간 내 생애
가장 길었던 해외여행

그 끝이 눈앞이다
한 뼘만큼 남았다

여행의
끝은 처음 출발했던
그곳이라 누가 말했었지

3 나흘
블루마운틴

캥거루 항공사

캥거루 항공사가
세계에서 제일이래
역사가 깊지만
사고는 전무후무하대
앞으로
만대에 이르기까지
무궁무진하소서

부국 되다

1770년 영국 군인이
발견한 호주 대륙
암흑의 시대 거쳐
오늘의 부국 되다
역사의
아이러니 지나
이 시대를 호령하다

먹이사슬 없는

캥거루가 깡충깡충
묘기를 선보인다
먹이사슬 없는 마을
초식 동물 천국이다
평화를
구가하는 나라에서
한가로운 동물들

코알라

어젯밤 연애했나
머리 박고 잠을 자네
유칼립투스에 기대어
사랑을 속삭였지
상팔자
코알라가 코알라 하는
시드니의 동물원

낙타 가족

아프리카 사막에서
바다 건너왔는가
무료하기 짝이 없는
속 깊은 낙타 가족

고향 땅
밟을 날만을
물 주머니에 적는다

무관심 동거

기린과 얼룩말과
타조는 한 울타리에
무관심 동거하며
코끼리를 생각한다
먼 나라
호주 땅에 와서
고향 사람 만난다

호주 역사 영국 역사

호주 역사는
영국 역사와
궤를 같이한다
230년 짧은 역사지만
부국으로 거듭났으니

영국과
미국을 능가하는
행복 지수 1위 국가

샐러드가 문제

점심 식사 생선요리
기대가 만발했네

생선 튀김 합격인데
샐러드가 문제더라

야채가
짓물러져서
상 위에서 기죽다

블루마운틴

호주에 악산이 없기로
유명하다 하지만
블루마운틴 위용은
세계에서 으뜸이라

눈으로
직접 보지 않고
설명하기가 힘들다

블루마운틴을 오르며

버스는 숨이 가빠
헐떡이고 가는데
차 안의 우리 식구
식곤증에 시달리다

일행 중
다섯 살 공주
종알종알 가위바위보

케이블카를 타다

마운틴 절벽 아래
코알라가 사는가
순식간에 건넜더니
관광객이 빼곡하다

전 세계
백색 황색 흑인이
뒤엉켜서 호흡하는

유칼립투스와 고사리 나무

3억 5천만 년 전 유칼립투스와
2억 5천만 년 전 고사리 나무가

의좋게 살고 있는
심산유곡 찾아드니

폐부로
피톤치드가
시나브로 스며온다

수직 엘리베이터

554m 80도로
내려가는 엘리베이터

이곳저곳에서
탄성이 터져 나온다

사실은
궤도열차보다
짜릿하지 않았는데

부자 나라

탄광 길이 100km
유연탄이 가득하다

지금은 폐광하고
먼 미래를 바라본다

그 속에
어마어마한
지하자원이 잠잔단다

세자매봉 전설

세자매봉 옆에는
그의 자녀 셋이 있네

우연히 나무꾼 만나
딸 하나씩 낳았대요

내가 쓴
전설이라고
말을 할까 하지 말까

아줌마 춤

오페라 광장에서
생음악에 맞추어
아내가 아줌마 춤으로
신나게 흔들었다

관광객
동그랗게 뜬 눈으로
홀린 듯 바라보네

하버브리지를 걷다

폭 49m 12개 차로
기네스북에 오른 하버브리지를 걷다

오페라하우스 배경으로
하트 모양으로 폼도 잡고

넌지시
바라다보니
없던 사랑 샘솟는다

미친 가을

낙엽이 구르는 건
가을이 익어간다는 것

호주는 사시사철
침엽수가 걸어 다닌다

호주의
가을이 미쳤다
이상 기온 37도 찍었다

설사와 콧물감기

낯설고 물 선 땅 호주
수돗물 먹고 설사하고

에어컨 바람에
콧물감기 걸렸네

선돌길
별이 안부가
새삼스러운 밤이다

4 사흘
모래언덕

대식가

안개가 눈을 가린
호텔 근처 전경은
바닷가였는지
가늠하기가 어렵구나

호텔의
조식은 뷔페여서
배 터지게 먹었다

포도의 나라

호주가 전 세계
포도 생산량의 75%란다

좋은 토질에 질 좋은
사람을 닮은 포도

포도원
식당에서의
점심 식사도 포도 맛?

도심 속 공동묘지

뉴캐슬 도심 속에
대규모 공동묘지

모두가 평장으로
화려하게 지었다

묘지 앞
저택 가격도
떨어지는 법 없다

평화로운 초지

드넓은 초지에서
소 댓 마리 풀을 뜯네

쫓는 자가 없으니
평화로운 소 마을

검정 소
연애할 생각조차
아니하고 산다나

뭉게구름도 쉬어가는 마을

평화로운 아나베이
모래언덕 가는 길

옆을 보고 앞을 봐도
울타리가 하나 없다

하늘이
나지막한 마을
뭉게구름도 쉬어간다

모래언덕

우리 일행 스물한 명
남녀노소 신이 났네

제일 신난 마누라
여섯 번째 올라간다

그녀가
모래언덕을
전세라도 냈는가

발자국 찍다

JTBC KBS
MBC 카메라가
감탄하고 간 모래언덕에
미세 모래만 놀 뿐이네

청정한
모래언덕에
발자국 찍고 왔다

국립공원

코알라와 캥거루가
국립공원을 점령한다
2,000종 벌들도
공원의 식구들이다

동물이
책임 관리하는
호주의 국립공원

유람선에 오르며

넬슨베이 바닷속에
물고기 여럿 논다

비린내가 없는 바다
낚싯꾼도 볼 수 없다

고깃배
너조차도 없구나
유람선만 떠있는

한글과 영어

배 안에는 모두가
한국 사람뿐이다

기내 방송 꼬부랑말이라
알아들을 수가 없네

한국말
그 과학적인 글
세종대왕 노할라

유람선을 타고

청정 바다 돌고래
무얼 먹고 사는가
한국 사람 반기러
먼바다에서 왔다
돌고래
바다의 무법자라
며칠 굶어도 끄떡없다

돌고래 동영상 찍느라

돌고래와 담소하는지
와이프가 오지 않네
창가 자리 내게 맡기고
바다에 들었나

선착장
먼저 가서 기다리나
감감무소식 아내여

애교쟁이 돌고래

남태평양 돌고래
유람하러 왔다가
한국 사람 앞에서
애교 떨다 돌아간다

또다시
이곳 찾거든
아는 체를 해 다오

주인이 왕인 나라

난리 법석 포도원
치킨버거 맛이란

와인까지 먹고 나니
그 맛을 알 듯 말 듯

호주는
손님이 왕이 아닌
주인이 왕인 나라

휴양 문화

대형차 타는 대신
휴양 문화 즐긴다

금요일부터 3일간
줄을 잇는 캠핑카 행렬

현명한
호주 사람들
닮고 싶긴 하지만

나무 전봇대

유칼립투스 전봇대
길가에 늘어섰다
폐기할 땐 가루 내어
거름으로 쓴다네

세상은
돌고 돌아서
땅속으로 돌아간다

소목장

소 한 마리에 85만 원
한국 소는 천만 원

목장 허가 4천 두 이상
한 마리 면적 2천 평

소목장
경영하려면
8백만 평 있어야

지상의 낙원

맨발로 다녀도
웃통 훌렁 벗고 다녀도
배가 지리산만 해도
신경 쓰지 않는다

여기가
지상의 낙원
똥배 내게도 안성맞춤

여수 앞바다에서 시 한 편 못 썼네

세계의 3대 미항
버킷리스트 시드니
안 보면 후회한다
가이드가 적극 추천

야경은
여수 앞바다도
멋진데 시 한 편 못 썼네

차 스캔하는 고속도로

세계에서 하나뿐인
차 스캔하는 고속도로
이상 유무 공기압 체크
화물차 과적 단속

사고가
안 나는 이유
괜한 것이 아니었네

해저터널

33km 중 일부의
해저터널을 지나다
제한 속도 80km지만
모든 차량 저속 운행

한국의
해저터널을
지날 때가 생각난다

1위와 27위

세계 중위 소득 1위
호주 20만 불 우리 6만 불

행복 지수도 호주 1위
우리는 27위라네

이민 온
우리나라 사람의
행복 지수도 1위일까

김치찌개 먹다

사흘 만에 한식당에서
등갈비 김치찌개 먹다
깻잎김치 미역무침
단무지도 한국산

모처럼
김치 냄새에
취해보는 저녁녘

5 이틀
골프의 천국

솜사탕 같은

눈 같기도
솜사탕 같기도 한
구름 조각

손 시릴까 달콤할까
맛보고 싶다 그대여

하룻밤
풋사랑이라도
하고 싶은 솜사탕

톨게이트 없는 고속도로

한국보다
78배 큰 나라
고속도로

가도 가도 끝이 없고
산림이 울창하다

그 길이
사천오백km
톨게이트가 없다네

고속도로 휴게소

휴게소 화장실이
우리나라 통시 수준

빵 조각과 음료수
옛적 옛적 구멍가게

1일 차
호두과자가
생각나는 천안휴게소

김빠진 맥주

파스타와 스파게티
야채와 콜라뿐인
야채 죽 먹고 난 후
허기진 점심 메뉴

김빠진
맥주 한 잔에
만 원이나 한다니

주택 가격 3천억

동부 해안 본다이비치
주택 가격이 웬만하면
250억에서 3000억
거짓 같은 사실이래

가이드
뻥치는 것 아냐
그 집주인이 누구래

이상 기온

구름 몇 점 떠 있는
천고마비 가을 날씨

3, 4, 5월이 가을이고
6, 7, 8월이 겨울이래

여름은
왜 이리 덥노
떠나지 않고 뭐 하니

황금의 나라

양모산업이
수출 품목 중
40프로 차지하네

천연자원
철강산업이
가장 발달한 나라

땅속에
황금 매장량이
세계에서 제일이네

유칼립투스

세계에서 여섯 번째
큰 나라 호주 땅엔
텃밭이 하나 없고
사계절이 싱싱한
초지와
유칼립투스가
판을 치는 명품 땅

골프의 천국

시드니 땅이 넓다지만
골프장만 500여 개
최초의 골프장과
길가에 늘비하네

한국인
동남아 골프 여행
간다고는 들었는데

도둑도 부자

대문이 없는 나라
소문 쪽문은 있는데

거지와 도둑은
있을 턱이 없는 나라

도둑도
잘사는 나라
여유 만만 행복 충만

사람이 모래알보다

시드니 노비스비치에서
모래찜질하고 싶지만
시간이 촉박하다
내일 금요일은 터져나간대

사람이
모래알보다
많을지도 모를 일

노변 샤워장

아이와 그 엄마가
노변에서 샤워한다
바다에서 묻어온
욕망과 모래를 씻는다

저 아이
유럽에서 왔을까
현지인은 아닌 듯

워크웨이

세계 1, 2차 대전
걸프전 6·25동란
참전 순국영령들을
위무하는 워크웨이 걷다

저 아래
깊은 바닷속을
훤히 들여다본다

호주 사과 달다

일조량과 기후와
강수량 최적화된
토질에서 자라난
과일은 세계에서 으뜸

그러나
한국 사람은
한국 사과 제일이지

가을은

3월 13일 시드니
기온이 30도를 넘네
그늘과 양지는
천당과 지옥 사이

가을은
가을 하여야 한다
한국 봄이 그립다

한산한 마트

마트가 한산하다
세계에서 모인 사람

물 한 병만 있으면
더 바랄 게 없으련만

일행은
어느 코너에서
장을 보고 있는지

졸고 있는 에어컨

대형 매장 안에서
에어컨이 졸고 있다
우리나라 같았으면
큰일 날 일이라네

누구도
불만이 없다
나만 홀로 땀 뻘뻘

4.5성급 호텔

4성급 호텔인데
와이파이 먹통이네
한국은 길거리도
와이파이 빵빵한데

글 한 줄
쓸 수 없는 나라가
호주라는 나라인가

인터넷이 먹통인 호텔

인터넷 일등 국가
고요한 아침의 나라
한반도 이역만리
소통할 수가 없구나

미아가
되어버렸네
적도 건너 녹색 나라에

6 하루
밝아오는 시드니

여행 전야

귓불에 스쳐가는
달아오른 강바람에

호주 여행 행복하게
잘 다녀오십시오

저 멀리
몽롱해지는
망망대해 저편에

소백산 잔설

소백산 정상으로
잔설이 성성하다

보름 전 넘던 바람
잠자는 줄 알았더니

그제도
무심한 세월
부여잡고 있더라

치악 휴게소에서

참새는 어디 가고
까마귀 떼 곡예한다
연전에 지날 적엔
참새가 반기더니

군 시절
눈뜨면 바라보던
치악산의 군상들

집 나간 휴대폰

새벽에 탔던 손님
휴대폰을 두고 갔다

인천공항 향하는데
시골집 찾아와서

발 동동
소방관이라
차 문 따고 꺼냈네

인천대교를 지나며

일 년에 겨우 한 번
지날까 말까 한데
3월의 인천대교
촌사람 알아보고

인천의
바닷새 한 마리
어서 오라 손짓하네

비밀번호에 갇힌 해우소

영종도 바다에서
길어 올린 낙지를
배 안에 가두고서
화장실을 찾았더니

아뿔싸
비밀번호에
숨어버린 해우소

오늘은 비요일

안동은 봄날인데
인천은 겨울바람
호주는 초가을
날씨라고 하더이다

하루에
계절 셋이나
오락가락 비요일

인천공항에서

글 쓰는 데 집중 말고
정신 좀 차리시오

어병한 마누라
잃고 나서 후회 마소

수하물
바구니에서
울고 있는 편린들

눈곱 떼고 분 바르고

수속 절차 다 마쳐도
두 시간이나 남았다

안동의 할미 할배
비행기 놓칠까 봐

설친 밤
식전바람에
눈곱 떼고 분 바르고

숙아!

숙아! 하고 부르면
모두가 돌아본다

영숙 인숙 종숙 화숙
넷 모두 숙이네

열 명 중
남자는 여섯
짝 잃은 자 게 섰거라

비행기 안에서

11시간 논스톱
호주행 비행기에서
시 한 수 적느라
잠 설치고 말았다

옆 좌석
낯선 두 사람
창가 자리 셈하네

보통 사람 특별한 사람

이코노미 좌석엔
보통 사람이 탄다네
비즈니스 좌석엔
특별한 사람들만 타겠지

촌사람
코스 요리 나오는
특별석 타보고 싶다

하늘 아메리카노

기내에서 먹는
아메리카노 향내 좋다

공중에서 카레 먹고
하늘에서 커피 마시고

이 커피
미국산일까
호주산은 아니지

어디쯤 날고 있을까

발아래 구름 몇 점
느리게 뒷걸음질한다
어느 영공일까
가늠할 수가 없구나

인생도
구름 나그네
한 치 앞을 모르네

잠 못 드는 커피

기내 커피 정말 독해
그거 한 잔 먹었다고
아무리 잠 청해도
꿈속에 들지 않네

차에서
먹던 커피도
아메리카노였는데

별이 총총

머리 위로 별이 총총
아래로는 양털 구름
영화를 보려 해도
안면방해된다 하고

창가에
뜬 별과 구름
나의 속내 알까 몰라

죽 같은 세상

야참인가 아침인가
새벽 3시 죽이 나온다
야채 죽에 사과 한쪽
약밥에 귤 한쪽
근사한
아침상으로
충분하지 않은가

대동여지도와 콜럼버스

인천 출발 열 시간
안동 출발 스무 시간
드디어 시드니가
눈 아래 펼쳐진다

김정호
콜럼버스 중
누가 더 위대한가

바람 소리뿐

와야천 물소리가
주머니에 담겼다

우리 집 별이 녀석
하늘 보며 짖다가
지쳐서
잠들었는가
바람 소리뿐이네

밝아오는 시드니

동트는 호주 땅에
이방인들 몰려온다
시드니는 안녕한가
일주일을 부탁한다

비행기
날갯죽지 너머
밝아오는 시드니